Levitations

Poems

Nicholas Reiner

Translation by Emma Trelles

Gunpowder Press • Santa Barbara
2022

Published by Gunpowder Press
David Starkey, Editor
PO Box 60035
Santa Barbara, CA 93160-0035

Cover Photo by Maddison McMurrin on Unsplash

ISBN-13: 978-1-957062-01-3

www.gunpowderpress.com

To Eric, Tony, & Tino,

with love from the other side.

Contents

Contenidos

Levitations

My father dies in the morning
& a candy jar

in the middle of the house
wants also to be empty

objects in our living room
float like hot flies,
blue couches clutch the ceiling
& the coffee table whispers into the wall

The people, the fallen people,
the loved ones, my loved ones
sitting in the patio
we still laugh at the joke
about the giraffe.

We may cry in our fluorescent rooms,
when no one is looking.

We may be strong, we may, we may
but first we will tear our own
skin from our own skin
first can we go find
the other side where he went
find that place is not empty too.

Levitaciones

Mi padre muere en la mañana
y un tarro de dulces

en medio de la casa
también quiere estar vacío

objetos en nuestra sala
flotan como moscas calientes,
sofás azules agarran el techo
y la mesa de centro le susurra a la pared

La gente, la gente caída,
los seres queridos, mis seres queridos
sentados en el patio
aun nos reímos del chiste
de la jirafa.

Puede que lloremos en nuestros cuartos fluorescentes,
cuando nadie está mirando.

Puede que seamos fuertes, podemos, podemos
pero primero arrancaremos nuestra
piel de nuestra propia piel
primero podemos ir a buscar
el otro lado donde el fue
encontrar que ese lugar no está vacío también.

Final Sequence

My dad taught me to play
chess at five. Our hands

would touch when we'd play,
brush each other over

our wooden board. In chess,
a quiet move is not forcing.

No check, no direct
attack of an enemy piece.

The threat is impending,
patient, the ensuing

wreckage prepared for.
After the helicopter crashed

it wasn't clear to my mom
that he had died in the grass.

*Which hospital are they taking
him to?* she asked the fire captain

over the phone. We kids
played in the other room.

In a 1911 game, GM Alekhine
slid his knight to e5,

the end to come, in the quiet,
a move or two away.

Secuencia final

Mi papá me enseñó a jugar
ajedrez a los cinco años. Nuestras manos

tocaban cuando jugábamos,
rozando unos a otros

nuestra tabla de madera. En el ajecrez,
un movimiento tranquilo no es forzando.

Sin jaque, sin ataque
directo de una pieza enemiga.

La amenaza es inminente,
paciente, preparados

para los escombros anticipados.
Después de que el helicóptero se estrelló

no estaba claro para mi mamá
que él había muerto en la hierba.

¿A qué hospital lo llevan?
ella le preguntó al capitán de bomberos

por teléfono. Nosotros niños
jugábamos en el otro cuarto.

En un juego de 1911, GM Alekhine
deslizó su caballero a e5,

el final por venir, en la tranquilidad,
un movimiento o dos en la distancia.

New Map

Ted L. Nancy wrote to Mars, Inc.
asking them to combine
Starburst and Skittles
and call the new creation "Startles."

The world is changing:
I marvel at the ways
touch screens work. My dad died
without ever sending an email.

If I were to bring him back
and hand him my iPhone
which app would he tap first?
Maybe he'd open Sigalert

check traffic on the 405. Or Shazam
because the word sounds cool.
My mom gave the four of us some Startles
when she sat us on the carpet

to tell us he was gone.
When a green one dropped to the floor
my baby brother reached both hands
down from my mom's lap—

cooed, drool dripping down
his mouth the way the words
daddy's not coming back
hung from hers.

Nuevo mapa

Ted L. Nancy le escribió a Mars, Inc.
pidiéndoles que combinen
Starburst y Skittles
y nombrar a la nueva creación "Startles."

El mundo está cambiando:
Me maravillo a las pantallas
táctiles. Mi papá murió
sin siquiera enviar un email.

Si tuviera que traerlo de vuelta
y darle mi iPhone
¿Qué aplicación tocaría primero?
Quizás abriría Sigalert

comprobar el tráfico en la 405. O Shazam
porque la palabra suena chevere.
Mi mamá nos dio a los cuatro algunos Startles
cuando ella nos sentó en la alfombra

para decirnos que se había ido.
Cuando uno verde cayó al suelo
mi hermanito alcanzó con ambas manos
desde el regazo de mi mamá—

arrulló, baba goteando de
su boca como las palabras
papi no va a volver
colgaban de ella.

Watching a Computer Animation
of the Los Angeles Fire 3 Helicopter Crash

for my father, 1964-1998

You are in the red and white
chopper on the other side
of the screen,

the other side
of the sky,
and I cannot
see your face.

The mountains you fly
over come into
the foreground,
nonthreatening, royal.

The machine glides like
it's entering the sky for the first time,
through a portal
from another era.

The main rotor spins,
unspooling
the air around it.

It is a videogame,
the way the tail rotor
snaps off

Viendo una animación por computadora del accidente de helicóptero de Los Ángeles Fire 3

para mi padre, 1964-1998

Tu estás en el helicóptero
rojo y blanco en el otro lado
de la pantalla,

el otro lado
del cielo,
y yo no puedo
ver tu cara.

Las montañas que sobre
vuelas entran en
el primer plano,
no amenazante, real.

La máquina se desliza como
está entrando al cielo por primera vez,
a través de un portal
de otra época.

El rotor principal gira,
desenrollando
el aire a su alrededor.

Es un videojuego,
la forma en que el rotor de cola
se rompe

the way the chopper tilts
left and wobbles.

You and the others
are now cedar waxwings
drifting over the expansive
green of Griffith Park.

In the Army,
you jumped out of planes.
On my ninth birthday,
you and I did a skydive simulator.

How did Norma,
the wounded girl airlifted, look?
Is there no way
to tell me how you are doing?

The wounded chopper
approaches land,
the brown and green landscape
blurrier, block-like—

then pine trees appear
like popsicles out of the ground.

The pixelated helicopter
clips the trees, crashes,

lodged in the ground
like a stake.

la forma en que se inclina el helicóptero
a la izquierda y se tambalea.

Tu y los demás
ahora son ampelis americanos
a la deriva sobre el verde
expansivo de Griffith Park.

En el Ejército,
saltaste de los aviones.
En mi noveno cumpleaños,
tú y yo hicimos un simulador de paracaidismo.

¿Cómo es que Norma,
la niña herida transportada en avión, se veía?
¿No hay manera
para decirme como tú estés?

El helicóptero herido
se acerca a la tierra,
el paisaje marrón y verde
más borroso, como un bloque—

luego aparecen los pinos
como paletas heladas de la tierra.

El helicóptero pixelado
corta los árboles, se estrella,

atorado en el suelo
como una estaca.

There's no fire
in the animation,
and no sound.

The trees tower, still and huddled
around the chopper,
as if they might bend down
at any moment
to you in the debris.

No hay fuego
en la animación,
ni sonido.

Los árboles se elevan, quietos y acurrucados
alrededor del helicóptero,
como si pudieran agacharse
en cualquier momento
hacia ti en los escombros.

Rowing

When the fire department came to the door to deliver the news, my mom locked herself in the bathroom, pulled out 409 cleaner and a rag from the bathroom cabinet and started scrubbing the sink. She moved her arm back and forth, like a rower. The paramedics—his colleagues—knocked on the front door, saying *Lisa, we've got to talk to you*. She kept scrubbing, making circles with the rag on the cabinet, the counter, the mirror.

Remando

Cuando los bomberos llegaron a la puerta para entregar la noticia, mi mamá se encerró en el baño, sacó el limpiador 409 y un trapo del gabinete del baño y comenzó a fregar el lavabo. Ella movió su brazo de un lado a otro, como un remador. Los paramédicos, sus colegas, tocaron en la puerta delantera y dijeron, *Lisa, tenemos que hablar contigo*. Ella siguió fregando, haciendo círculos con el trapo en el gabinete, la encimera, el espejo.

Elegy: In Flight

we say his name: *Eric*

we do not say his name enough

before we were born, he was an Army Ranger

before we were born, he jumped out of planes

fearless, he became a father

no: with fears, he became a father

we were born   one   two   three   four

no fear in flight, he exited the world

& without fear, world exited him

no: we are   without world

Elegía: en vuelo

decimos su nombre: *Eric*

no decimos su nombre lo suficiente

antes de que nacimos, él era un Ranger del Ejército

antes de que nacimos, saltó de los aviones

valiente, se convirtió en padre

no: con miedos, se hizo padre

nacimos   uno   dos   tres   cuatro

sin miedo en vuelo, salió del mundo

y sin miedo, el mundo lo dejo

no: nosotros estamos   sin mundo

Missiles

NATO bombed Yugoslavia in 1999 & I thought the world was ending. In those days, I felt scared alone in the house in the evening. My mom was away, though she had her cell phone. I saw the images of fire and the planes and I figured eventually our house would be targeted too. I called her and told her I was concerned. She said *that war is far away, mijo*. But I still felt scared about missiles flying our way without warning.

Misiles

La OTAN bombardeó Yugoslavia en 1999 y yo pensé que el mundo se estaba acabando. En esos días, me daba miedo estar solo en la casa por la noche. Mi mamá estaba fuera, aunque tenía su teléfono celular. Yo vi las imágenes del fuego y los aviones y pensé que eventualmente nuestra casa también sería atacada. La llamé y le dije que estaba preocupado. Ella dijo que *la guerra está muy lejos, mijo*. Pero todavía sentía miedo de que los misiles volaran hacia nosotros sin aviso.

How Rain Appears

losing a son
in the prime of his life is like losing a mind
not in a dark time not a period of great duress not gradually
just all at once the way sky goes from not rain to rain
to rain to rain to rain   to rain
the way the mind thinks everything's all right
this morning or that god is here and then know of course
god doesn't exist never did and those
who think so have never been never mind this is what
it's like to lose a mind I mean what it's like
to lose a son and what are we without our minds
without our sons without our sons my god

Cómo aparece la lluvia

perder un hijo
en la flor de su vida es como perder la cabeza
no en una época oscura, no en un período de gran coacción, no gradualmente
solo de una vez, la forma en que el cielo pasa de no llover a llover
a llover a llover a llover   a llover
la forma en que la mente piensa que todo está bien
esta mañana o que dios está aquí y luego saber por supuesto
dios no existe nunca existió y esos
quienes piensan así nunca han sido no importa esto es lo que
es como perder la cabeza quiero decir es como
perder un hijo y que somos sin nuestras mentes
sin nuestros hijos sin nuestros hijos dios mio

Self-Portrait as Nic Martinez

as another person, as an other,   same me   or different me, smart kid
or not as smart kid, or smarter kid, beans & rice, more
       beans & rice
& the same walk down the street in Wilmington to Foster's Freeze
for dipped cones   so not so different me, some
       quiet magic, stalks of light
undone at morning & I would be grapefruit   I would be starfruit
   I am a kind of stonefruit. No,
I am a kind of stone.   Entonces it would still be me, same gnawed me,
      same brown stone

     my mom's name in this country is the one sacrificed,
laid down   así que todo sería el mismo

      same trees & streetlights & las mismas voces

      or this: *nothing would have been the same*

Autorretrato como Nic Martinez

como otra persona, como otro,   mismo yo   o diferente yo, niño inteligente
o niño no tan inteligente, o niño más inteligente, frijoles y arroz, más
        frijoles y arroz
y el mismo paseo por la calle en Wilmington hasta Foster's Freeze
por unos helados en cono   así que no soy tan diferente a mí,
        alguna magia silenciosa, tallos de luz
deshecho por la mañana y sería toronja   sería carambola
   Soy una especie de fruta de piedra. No,
Soy una especie de piedra. Entonces seguiría siendo yo, el mismo yo roído,
        misma piedra marrón

        el nombre de mi mamá en este país es el sacrificado,
dejado atrás   así que todo sería el mismo

        mismos árboles y farolas y las mismas voces

        o esto: *nada hubiera sido igual*

Burst

To peel open a tangerine
is to be startled by the scent
of burst & burst & burst
& to access the memory
of soccer fields—
my dad cheering me on,
the dewy cut grass,
the worn shinguards—
to feel my head against his chest.

It is to taste
the smell
of the juices
& to reach for
what seems gone
but is really just
ripening, primed
to be opened
in bursts.

Reventar

A pelar abierta una mandarina
es ser sorprendido por el olor
de reventar & reventar & reventar
& para acceder a la memoria
de campos de fútbol—
mi papá alentándome,
la hierba húmeda y cortada,
las espinilleras gastadas—
a sentir mi cabeza contra su pecho.

Es para probar
el olor
de los jugos
& alcanzar
lo que parece haberse ido
pero en realidad está solo
madurando, preparado
para abrir
en reventones.

Kingdom

To hold a tostada is to hold
a kingdom & she holds
Wednesdays for us, family night

primero the beans on the
flat shell like a raft
& then the chicken

shredded care
lettuce, cheese, salsita
y entonces vamos a platicar

around the dining room table
laughing at her jokes & chismes
        Grandma, ¿hay más salsa?

yes mijo over there
by the beans, the stove,
the kingdom's boundless space

Reino

Sostener una tostada es sostener
un reino y ella sostiene
los miércoles para nosotros, noche de familia.

primero los frijoles en la
tortilla plana como una balsa
y luego el pollo

cuidado triturado
lechuga, queso, salsita
y entonces vamos a platicar

alrededor de la mesa del comedor
riéndonos de sus chistes y chismes
      Abuela, ¿hay más salsa?

si mijo allá
cerca de los frijoles, la estufa,
el espacio ilimitado del reino

Acknowledgements

The poet offers immense gratitude to the editors of the following journals, in which versions of these poems first appeared.

Aquifer: The Florida Review Online, "Levitations"

Figure 1, "Final Sequence" and "Rowing"

LiveWire, "New Map"

Connotation Press: An Online Artifact, "Watching A Computer Animation of the Fire 3 Helicopter Crash"

Pacifica Literary Review, "How Rain Appears"

Borderlands: Texas Poetry Review, "Self-Portrait as Nic Martinez"

North Dakota Review, "Burst"

RipRap, "Kingdom"

Additionally, Emma Trelles would like to thank Andrea Vigil for her assistance with the translations.

About the Poet

Nicholas Reiner is an American poet of Mexican heritage. His work appears in *Spillway, Aquifer: The Florida Review Online, Fourteen Hills, Yemassee,* and *Borderlands: Texas Poetry Review.* He holds degrees from Stanford University and the University of California, Irvine, where he completed an MFA. He is Director of Communications at the Anti-Recidivism Coalition (ARC) and lives in Los Angeles with his wife and two daughters.